The French Romantic Phrasebook

Tania Lestal

An environmentally friendly book printed and bound in England by
www.printondemand-worldwide.com

Mixed Sources
Product group from well-managed
forests, and other controlled sources
www.fsc.org Cert no. TT-COC-002641
© 1996 Forest Stewardship Council

FSC

PEFC

PEFC/16-33-415

PEFC Certified
This product is
from sustainably
managed forests
and controlled
sources
www.pefc.org

This book is made entirely of chain-of-custody materials

www.fast-print.net/store.php

The French Romantic Phrasebook
Copyright © Tania Lestal 2013

ISBN 978-178035-663-1

First published 2013 by
FASTPRINT PUBLISHING
Peterborough, England.

Contents

Falling in Love

I am besotted with you.

Je suis s'emamouracher par toi.

I always think about you.

Je pense toujours à toi.

I love your smile.

J'aime ton sourire.

Love at first sight.

Le coup de foudre.

First love.

Son premier amour.

You make me happy (m).

Tu me rends heureux.

You make me happy (f).

Te me rends heureuse.

I adore you.

Je t'adore.

I need you.

J'ai besoin de toi.

Be mine.

Sois mienne (f), Sois mien (m).

Be mine forever.

Sois à moi pour toujours.

I love you a lot.

Je t'aime beaucoup.

I am in love.

Je suis amoureux (m).

I am in love.

Je suis amoureuse (f).

I have fallen in love with you.

Je suis tombé en amour avec toi.

Kiss me.

Embrasses-moi.

Hug me.

Serres-moi.

I want you.

Je te veux.

I want to be with you.

Je veux être avec toi.

I want to be with you forever.

Je veux être avec toi pour toujours

Head Over Heels

I can't get enough of you.

Je ne peux pas obtenir assez de toi.

My heart beats for you.

Mon coeur ne bat que pour toi.

I am madly in love with you.

Je t'aime a la folie.

You are in all my thoughts.

Tu es dans toutes mes pensées.

I dream of you day and night.

Je rêve de toi jour et nuit.

I'm crazy about you.

Je suis morgane de toi.

I am passionate about you.

Tu me fascines.

You are amazing!

Tu es magnifique!

I love you with all my heart.

Je t'aime de tout mon Coeur.

You are, for me, the most beautiful.

Tu es pour moi la plus belle.

You are the woman of my dreams.

Tu es la femme de mes rêves.

You are the man of my dreams.

Tu est l'homme de mes rêves.

I love you more than anything.

Je t'aime plus que tout.

My love for you is eternal.

Mon amour pour toi est éternel.

What would I do without you?

Qu'est ce que je ferais sans toi?

You're the one for me.

Vous etes celui pour moi.

You are the joy of my life.

Tu es ma joie de vivre.

You are the love of my life.

Tu es l'amour de ma vie.

I've always loved you and always will.

Je t'aime et je t'aimerai toujours.

You know me inside out.

Vous me connaisséz intérieur et l'extérieur.

Affirmations

I love you.

Je t'aime.

I am here for you.

C'est pour toi que je suis là.

I trust you.

J'ai confiance en toi.

You are my everything.

Tu es tout pour moi.

I love you too.

Moi aussi je t'aime.

You are my best friend.

Tu es mon meilleur ami (m). *Tu es ma meilleure amie* (f).

I will always love you.

Je t'aimerai toujours.

You are my soulmate.

Vous etes mon soulmate.

Celebrations

Happy Valentine's Day!

Bonne Saint Valentin!

Happy birthday!

Joyeux Anniversaire!

Happy anniversary!

Bon anniversaire de marriage!

Will you marry me?

Veux-tu m'épouser?

Terms of
Endearment

My dear.

Mon chèr (m), Ma chère (f).

My dearie.

Mon chèri, ma chèrie.

My love.

Mon amour.

My angel.

Mon ange.

My cabbage.

Mon petit chou chou.

My pussycat.

Mon mimi (m), ma minette (f).

My cutie.

Mon mignon (m), ma mignonne (f).

My little doe.

Ma bichette.

My kitten.

Mon chaton (m), ma chatte (f).

My other half.

Ma moitié.

My precious.

Mon précieux (m), ma précieuse (f).

My soft one.

Ma douce.

My jewel.

Mon bijou.

My rabbit.

Mon lapin.

My beautiful.

Ma belle.

My only love.

Mon seul amour.

My little pastry.

Mon petit chou.

My treasure.

Mon trésor.

Sweetheart.

Amoureux.

My great love.

Mon grand amour.

Two Hearts Apart

I miss you.

Tu me manques.

Without you I am lost.

Sans toi je suis perdue.

I can't live without you.

Je ne peux pas vivre sans toi!

I live only for you.

Je ne vis que pour toi.

You mean the world to me.

Tu représentes tout pour moi.

Please stay with me forever.

Reste avec moi pour toujours mon amour.

I want to spend the rest of my life with you.

Je veux passer la reste de ma vie avec vous.

Love is an ocean and a woman is the shore.

*L'amour est une mer dont la femme
est la rive.*

Romantic
Phrases

Heaven is nothing compared to one of your kisses.

Le paradis n'est rien comparé à un des tes baisers.

A day without you is like a day without sun.

Un jour sans toi est comme un jour sans soleil.

Your love is as precious as gold.

Ton amour est aussi précieux que l'or.

Let my kisses be the words of love that I don't say.

Que mes baisers soient les mots d'amour que je ne te dis pas.

Kisses are the unspoken words of love.

Que mes baisers soient les mots d'amour que je ne te dis pas.

You are more beautiful than the stars.

Vous êtes plus beau/belle que les étoiles.

I love you so much it's hard to concentrate on anything but you.

Je t'aime tellement que c'est dur de me concentrer sur autre chose que toi.

My destiny is in your arms.

Dans tes bras c'est mon destin.

My love for you is as grand as the world.

Mon amour pour toi est si grand que le monde.

The softness of your skin is like a caress of the wind.

La douceur de ta peau est comme une caresse du vent.

If I was a bee and you a flower, I would spend my time looking for the nectar in your heart.

Si j'étais une abeille et toi une fleur, je passerai mon temps à butiner ton cœur.

Your body is my treasure.

Ton corps est mon trésor.

QUOTES

One is very weak when one is in love.

"L'on est bien faible quand on est amoureax."

- Madame de Lafayette -

That is love, giving away everything without the slightest desire to get anything in return.

"C'est cela l'amour, tout donner, tout sacrifier sans espoir de retour."

- Albert Camus -

The price of love is only love, ... one must love if one desires to be loved.

"Le prix d'Amour, c'est seulement Amour, ... Il faut aimer si l'on veut être aimé."

- Honoré d' Urfé -

Two hearts in love need no words.

"Entre deux cœurs qui s'aiment, nul besoin de paroles."

- Marceline Desbordes-Valmore -

Love does not consist in looking at each other, but rather in, together, looking in the same direction.

"Aimer, ce n'est pas se regarder l'un l'autre, c'est regarder ensemble dans la même direction."

- Antoine de Saint-Exupéry -

The only true language in the world is a kiss.

"Le seul vrai language au monde est un baiser."

- Alfred de Musset -

There is only one happiness in life, to love and be loved.

"Il n'y a qu'un bonheur dans la vie, c'est d'aimer et d'étre aimé."

- George Sand -

Nothing is real but dreams and love.

"Il n'est rien de reel que le réve et l'amour."

- Anna de Noailles -

Love is the only passion that cares not
about the past or the future.

*"L'amour est la seule passion qui ne souffre
ni passé ni avenir."*

- Honoré de Balzac -

To love and to be loved will be the greatest
event in our lives.

*"Aimer et étre aimé sera la grande affaire
de toute notre vie."*

- Jean Jacques Rousseau -

The greatest happiness of life is the conviction that we are loved -- loved for ourselves, or rather, loved in spite of ourselves.

"Le bonheur suprême de la vie est la conviction d'être aimé pour soi-même, ou plus exactement, d'être aimé en dépit de soi-même."

- Victor Hugo -

Let my kisses be the words of love that I don't say.

"Que mes baisers soient les mots d'amour que je ne te dis pas."

- Unknown -

Signing Off

(When ending a letter or card)